COMPAGNIE DU CHEMIN DE MONTAGNE

DE

ROUEN A BONSECOURS

SOCIÉTÉ ANONYME

Capital provisoire, 100,000 fr.

STATUTS

ROUEN

IMPRIMERIE CH.-F. LAPIERRE

RUE SAINT-ETIENNE-DES-TONNELIERS

1875

COMPAGNIE DU CHEMIN DE MONTAGNE

DE

ROUEN A BONSECOURS

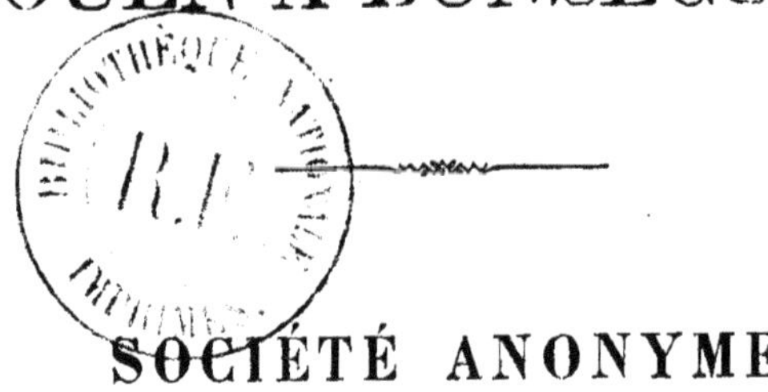

SOCIÉTÉ ANONYME

Capital provisoire, 100,000 fr.

STATUTS

ROUEN

IMPRIMERIE CH.-F. LAPIERRE

RUE SAINT-ÉTIENNE-DES-TONNELIERS

1875

COMPAGNIE DU CHEMIN DE MONTAGNE

DE

ROUEN A BONSECOURS

SOCIÉTÉ ANONYME

Capital provisoire, 100,000 fr.

STATUTS

Le soussigné, Léon LE CORDIER, Ingénieur, demeurant à Paris, rue Gay-Lussac, n° 8, en vue d'arriver à l'établissement d'une voie de communication rapide et économique entre Rouen et Bonsecours,

A exposé ce qui suit :

EXPOSÉ.

Un mouvement de voyageurs très-important existe entre Rouen et Bonsecours ; il a pour causes non-seulement les relations des habitants entre eux, mais les pèlerinages dont l'église de Bonsecours est le but, les visites que les étrangers, de passage à Rouen, manquent rarement de rendre à Bonsecours et les promenades que les habitants de Rouen aiment à faire dans cette même localité.

Cependant, un moyen de transport puissant et rapide entre Rouen et Bonsecours fait défaut, et il y a quelque difficulté à l'établir à cause de l'élévation de la colline qu'il faut gravir. C'est pourquoi M. Le Cordier, inventeur breveté d'un système particulier dit système des *chemins de montagne* qui permet d'appliquer sans danger la locomotion à vapeur sur les rampes et pentes les plus inclinées, s'est livré à une étude très-sérieuse de la situation des lieux, et il a reconnu que l'application de son système au trajet de Rouen à Bonsecours est non-seulement possible, mais facile, et à peu de frais. Les tracés, plans et devis sont faits. Le projet est complètement préparé et élaboré.

En cet état de choses, plusieurs personnes, convaincues que la réalisation de ce projet servirait de graves intérêts, ayant engagé M. Le Cordier à fonder une société pour le mettre à exécution, les statuts de cette société ont été arrêtés ainsi qu'il suit :

TITRE PREMIER.

Formation. — Objet. — Dénomination. Siége. — Durée.

ARTICLE PREMIER.

Il est formé entre le soussigné et toutes personnes qui, par une souscription ou prise d'actions ci-après créées, adhéreront aux présents statuts, une Société anonyme régie par la loi du 24 juillet 1867.

Cette Société a pour objet :

1° Les achats de terrains et l'accomplissement de toutes les formalités nécessaires pour obtenir le droit d'établir un chemin de montagne entre Rouen et Bonsecours ;

2° La construction et l'exploitation de ce chemin.

ARTICLE 2.

La Société prend la dénomination de *Compagnie du chemin de montagne de Rouen à Bonsecours.*

ARTICLE 3.

Le siége de la Société est à Rouen, dans le local qui sera ultérieurement désigné par le conseil d'administration.

ARTICLE 4.

La durée de la Société est fixée à 99 ans à compter du jour de sa constitution légale.

TITRE DEUXIÈME.

Fonds social. — Actions. — Versements.

ARTICLE 5.

Le capital social est fixé provisoirement à la somme de *cent mille francs.* Il est divisé en deux cents actions de chacune 500 fr.

Il pourra être porté plus tard jusqu'à *cinq cent mille francs*, s'il y a lieu, par l'émission d'actions nouvelles, en vertu d'une décision de l'assemblée générale.

Tous pouvoirs sont dès à présent donnés au conseil d'administration à l'effet de :

1° Provoquer, le cas échéant, la souscription de ce capital complémentaire ;

2° Convoquer les assemblées générales et remplir les formalités nécessaires pour, lorsque cette souscription sera réalisée, régulariser l'augmentation du capital social, qui sera publiée alors conformément à la loi.

ARTICLE 6.

Chaque action donnera droit à une part proportionnelle dans la propriété de l'actif social et dans les bénéfices de l'entreprise.

ARTICLE 7.

Le montant des actions est payable à Rouen, dans la caisse et sur la quittance de **M. Niel**, banquier, rue Herbière.

Le premier versement est fixé à *cent vingt-cinq francs* par action : le surplus sera payable au fur et à mesure des appels de fonds qui seront faits par le conseil d'administration, un mois après avis de cet appel de fonds.

ARTICLE 8.

Contre le premier versement de cent vingt-cinq francs il sera délivré des récépissés nominatifs extraits d'un registre à souche.

Ces récépissés seront échangés, après la constitution définitive de la Société, contre les actions nominatives négociables en la forme ci-après indiquée.

Après que les actions auront été libérées, elles pourront être converties en actions au porteur en vertu d'une simple délibération du conseil d'administration.

Les actions ne pourront être aliénées qu'après entière libération.

ARTICLE 9.

Les titres nominatifs et les titres au porteur seront extraits d'un registro à souche, frappés du timbre sec de la compagnie et revêtus de la signature de deux administrateurs.

ARTICLE 10.

La cession des actions au porteur s'opère par la simple tradition du titre, et celle des titres nominatifs, conformément à l'article 36 du Code de commerce, par un transfert fait sur un registre tenu à cet effet au siége de la Société, signé par le cédant, le cessionnaire et l'un des administrateurs ou une personne déléguée à cet effet par le conseil d'administration.

Mention du transfert est faite sur le titre; et la Société ne reconnaît d'autres tranferts que ceux transcrits sur ses registres.

ARTICLE 11.

Les actions sont indivisibles vis-à-vis de la Société qui ne reconnaît qu'un seul propriétaire pour chaque action.

Tous les co-propriétaires d'une action seront tenus dès lors de se faire représenter auprès de la Société par une seule et même personne.

ARTICLE 12.

Les droits et obligations attachés à l'action suivent le titre dans quelques mains qu'il passe. La possession d'une action emporte adhésion aux statuts de la Société et à toutes les modifications qu'ils peuvent subir.

Les héritiers ou créanciers des actionnaires ne peuvent, sous quelque prétexte que ce soit, provoquer l'apposition des scellés sur les livres de la Société, ni en demander le partage ou la licitation, ni s'immiscer en aucune manière dans l'administration de ladite Société.

Ils doivent, pour l'exercice de leurs droits, s'en rapporter aux inventaires sociaux et aux délibérations de l'Assemblée générale.

ARTICLE 13.

A défaut de versements aux époques déterminées, l'intérêt sera dû pour chaque jour de retard à raison de 5 0/0 par an.

La Société pourra exercer l'action personnelle contre les retardataires; elle pourra aussi, soit distinctement de la poursuite personnelle, soit concurremment avec elle, faire vendre les actions en retard.

ARTICLE 14.

Les actionnaires ne seront engagés que jusqu'à concurrence du capital de chaque action. Au-delà, tout appel de fonds est interdit, conformément à l'article 33 du Code de commerce.

ARTICLE 15.

Les sommes revenant à titre de dividende ou de remboursement seront valablement payées au porteur du titre.

TITRE TROISIÈME.

Organisation de la Société. — Construction du Chemin.

ARTICLE 16.

M. LE CORDIER, comme fondateur, à raison de ses études, plans, devis, démarches et déplacements, et aussi de l'autorisation par lui accordée à la Société d'exploiter son système breveté, a droit à une indemnité.

En outre, comme ingénieur chargé de la direction des travaux de construction de la voie et du matériel et de l'exploitation, il a droit à des appointements.

Cette indemnité et ces appointements seront fixés par le conseil d'administration.

TITRE QUATRIÈME.

Conseil d'Administration.

ARTICLE 17.

La Compagnie est administrée par un conseil composé de sept membres.

Chaque administrateur doit être propriétaire d'au moins deux actions nominatives, qui seront inaliénables pendant la durée de ses fonctions, conformément à la loi, et affectées à la garantie de sa gestion.

Les titres de ces actions sont déposés dans la caisse de la Société et sont frappés d'un timbre indiquant l'inaliénabilité.

ARTICLE 18.

Il est interdit aux administrateurs de prendre ou de conserver un intérêt direct ou indirect dans une entreprise ou dans un marché fait avec la Société ou pour son compte, à moins qu'ils n'y soient autorisés par l'assemblée générale.

Il est, chaque année, rendu à l'assemblée générale un compte spécial de l'exécution des marchés ou entreprises par elle autorisés, conformément au présent article.

ARTICLE 19.

Les administrateurs sont nommés par l'assemblée générale des actionnaires.

Il est procédé tous les deux ans, par la voie du sort, au remplacement de deux administrateurs; ils peuvent cependant être réélus.

En cas de vacance, il sera pourvu provisoirement au remplacement par le conseil d'administration jusqu'à la première assemblée générale, qui statuera sur la nomination définitive.

ARTICLE 20.

Le conseil d'administration est investi des pouvoirs les plus étendus pour l'administration de la Société; il la représente activement et passivement et exerce tous ses droits et actions, sans que l'énumération qui va suivre puisse être considérée comme exclusive des pouvoirs d'administration qui n'y seraient pas mentionnés.

Ainsi, il règle les frais et détermine l'indemnité à payer au fondateur pour l'organisation de la Société;

Il adresse à qui de droit toutes demandes de concession, ou accepte toutes concessions qui pourraient être jugées nécessaires ;

Il passe et autorise, pour l'exécution et l'exploitation du chemin, les marchés de toute nature, en se conformant aux prescriptions du cahier des charges ;

Il autorise, ratifie ou effectue de gré à gré, aux enchères ou par voie d'expropriation, les achats et locations de terrains et immeubles nécessaires pour l'exécution et l'exploitation du chemin appartenant à la Société ;

Il règle les approvisionnements et fait les achats de matériaux, machines et autres objets nécessaires à l'exploitation ;

Il fixe les dépenses générales d'administration ;

Il passe ou autorise les achats, locations ou ventes d'objets mobiliers ;

Il donne toutes mains-levées d'oppositions ou inscriptions hypothécaires, ainsi que tous désistements de priviléges, avec ou sans paiement ;

Il exerce toutes actions judiciaires et autorise tous compromis ou transactions ;

Il détermine le placement des fonds disponibles et règle l'emploi de la réserve ;

Il autorise tous retraits, transferts et aliénations de fonds, rentes et valeurs appartenant à la Société ; il donne toutes quittances ;

Il arrête tous règlements relatifs à l'organisation du service et à l'exploitation du chemin, sous les conditions déterminées par les cahiers des charges ;

Il fait tous traités relatifs à l'exécution du cahier des charges ;

Il nomme ou révoque tous employés et agents, détermine leurs attributions et fixe leurs traitements et salaires ;

Il fixe les tarifs et détermine les modifications à apporter ;

Il statue sur tous les intérêts qui rentrent dans l'administration de la Société ;

Il délibère, traite, transige et statue sur toutes les affaires ; il autorise par ses délibérations tous achats, locations, ventes ou échanges de biens, meubles et immeubles, tous emplois de fonds, emprunts sur dépôt de titres ou autres valeurs ;

Il soumet à l'assemblée générale toutes propositions de prolongement ou d'embranchement, de fusion ou traités avec d'autres compagnies, de modifications ou d'additions aux statuts, et notamment d'augmentation du fonds social et de prolongation ou de dissolution de la Société.

Tous pouvoirs lui sont dès à présent donnés pour se procurer, au moyen de l'émission d'obligations, s'il y a lieu, les ressources nécessaires afin de compléter l'exécution des travaux d'établissement du chemin ou de pourvoir aux besoins de l'exploitation.

ARTICLE 21.

Le conseil d'administration désigne un mandataire pour l'exercice de ses pouvoirs en ce qui concerne l'administration de la Société. Ce mandataire prend le titre de directeur ; il a droit à des appointements mensuels qui sont déterminés par le conseil d'administration.

Les fonctions de directeur peuvent être cumulées avec celles d'ingénieur de la Compagnie. Dans ce cas, le directeur-ingénieur est autorisé à s'adjoindre, pour l'expédition des affaires courantes et journalières, un employé qui signe par procuration du directeur et qui agit sous sa surveillance et celle du conseil.

ARTICLE 22.

Les fonctions des membres du conseil d'administration sont gratuites : ils ont droit seulement à des jetons de présence, dont la valeur est fixée par l'assemblée générale, et au remboursement de leurs frais de déplacement.

ARTICLE 23.

Le directeur est chargé de l'exécution des décisions du conseil, auquel il rend compte de toutes les affaires ; il lui soumet toutes les propositions qu'exigent les intérêts de la Société.

Il est en outre chargé des ventes et achats, de la surveillance des travaux et de la comptabilité ; tous les actes journaliers d'administration, les effets de commerce, les comptes factures, et endossements seront signés par le directeur.

ARTICLE 24.

Conformément à l'article 32 du Code de commerce, les me nbres du conseil d'administration ne contractent, à raison de leur gestion, aucune obligation personnelle ou solidaire, relativement aux engagements de la Société ;

Ils ne répondent que de l'exécution de leur mandat ;

Il en est de même du directeur, qui n'est que le mandaire du conseil d'administration.

ARTICLE 25.

Le conseil d'administration nomme chaque année un président et un vice-président.

Le président, et le vice-président peuvent être réélus.

ARTICLE 26.

Le conseil d'administration se réunit à Rouen aussi souvent que l'intérêt de la Société l'exige, les décisions sont prises à la majorité des membres présents.

En cas de partage, la prépondérance est accordée à la voix du président ou de l'administrateur qui aurait été désigné à cette séance pour en remplir les fonctions.

La présence de quatre administrateurs est nécessaires pour valider les délibérations.

ARTICLE 27.

Les délibérations du conseil d'administration sont constatées par des procès-verbaux signés par le président et les membres qui ont pris part à la délibération. Les copies ou extraits de ces délibérations à produire en justice ou ailleurs sont signées par le président ou par celui qui en remplit les fonctions.

ARTICLE 28.

Chaque administrateur a le droit d'inspecter les travaux et les bureaux quand il le jugera convenable; mais il ne peut donner aucun ordre ni aux employés ni aux ouvriers.

TITRE CINQUIÈME.

Commissaires.

ARTICLE 29.

Chaque année il est nommé par l'assemblée générale un ou plusieurs commissaires associés ou non.

Les commissaires font à l'assemblée générale de l'année qui suit leur nomination, un rapport sur la situation de la Société, sur le bilan et sur les comptes présentés par les administrateurs.

La délibération contenant approbation du bilan et des comptes est nulle, si elle n'a été précédée du rapport des commissaires.

ARTICLE 30.

A défaut de nomination des commissaires par l'assemblée générale, ou en cas d'empêchement ou de refus d'un ou de plusieurs des commissaires nommés, il est procédé à leur remplacement par ordonnance du président du Tribunal de commerce du siége social à la requête de tous intéressés, les administrateurs dûment appelés.

ARTICLE 31.

En outre, pendant le trimestre qui précède l'époque fixée par les statuts pour la réunion de l'assemblée générale, les commissaires ont droit, toutes les fois qu'ils le jugeront convenable dans l'intérêt social, de prendre communication des livres et d'examiner les opérations de la Société.

ARTICLE 32.

Les commissaires peuvent toujours, en cas d'urgence, convoquer l'assemblée générale.

ARTICLE 33.

Chaque commissaire reçoit annuellement, s'il y a lieu, une indemnité dont l'assemblée générale fixe l'importance.

TITRE SIXIÈME.

Assemblée générale.

ARTICLE 34.

L'assemblée générale, régulièrement constituée, représente l'universalité des actionnaires ; ses décisions sont obligatoires pour tous, même pour les absents, les dissidents ou les incapables.

ARTICLE 35.

L'assemblée générale des actionnaires se réunit chaque année à la date fixée par le conseil d'administration ; en outre, le même conseil peut convoquer l'assemblée générale toutes les fois qu'il en reconnaît l'utilité.

Les convocations aux assemblées générales sont faites par un avis inséré vingt-cinq jours au moins à l'avance dans un journal d'annonces légales de Rouen.

ARTICLE 36.

Six jours au moins avant celui fixé pour la réunion, les possesseurs d'actions doivent déposer leurs titres à la caisse sociale ou dans tous autres lieux désignés par le conseil d'administration, contre un récépissé qui sert de carte d'entrée.

Tout actionnaire est de droit membre de l'assemblée générale.

Nul ne peut être mandataire d'un actionnaire

s'il n'est actionnaire lui-même; la forme des pouvoirs est déterminée par le conseil d'administration.

Tout actionnaire, membre de l'assemblée générale, soit directement, comme titulaire, soit comme actionnaire-mandataire, aura une voix par chaque action, sans que le nombre total de ses voix puisse être supérieur à vingt.

ARTICLE 37.

L'assemblée générale est régulièrement constituée lorsque les actionnaires présents représentent le quart au moins du capital social, sauf ce qui sera dit en l'article 44 ci-après, pour le cas de modifications statutaires.

Dans le cas où, sur une première convocation, cette quotité ne serait pas atteinte, il serait procédé à une seconde convocation à quinze jours d'intervalle au moins.

Les délibérations prises par l'assemblée générale dans cette seconde réunion sont valables, quelle que soit la portion du capital représentée par les actionnaires présents, et quel que soit le nombre de ces actionnaires; mais elles ne peuvent porter que sur des objets mis à l'ordre du jour de la première réunion et indiqués dans les avis de convocation.

ARTICLE 38.

L'ordre du jour des assemblées générales est arrêté par le conseil d'administration.

Tout actionnaire qui soumettra une proposition à l'assemblée générale, doit la faire connaître dix jours à l'avance au conseil d'administration.

Aucun autre objet que ceux à l'ordre du jour ne peut être mis en délibération.

ARTICLE 39.

L'assemblée est présidée par le président du conseil d'administration et, à son défaut, par celui des membres du conseil que ses collègues auront désigné.

Les fonctions de scrutateurs sont remplies par les deux plus forts actionnaires présents et, sur leur refus, par ceux qui viennent après, jusqu'à acceptation.

Le bureau ainsi constitué désigne le secrétaire.

L'assemblée générale entend les rapports du conseil d'administration.

Elle entend également les rapports des commissaires sur la situation de la Société, sur le bilan et les comptes présentés par les administrateurs.

Elle discute, approuve ou rejette les comptes ;

Elle fixe le dividende ;

Elle nomme les administrateurs ;

Elle choisit les commissaires ;

Elle délibère sur toutes les propositions du conseil d'administration, et elle lui confère les pouvoirs nécessaires pour les cas qui n'auraient pas été prévus ;

Elle prononce enfin, en se renfermant dans les limites des statuts, sur tous les intérêts de la Société.

ARTICLE 40.

Les délibérations de l'assemblée générale sont prises à la majorité de voix des membres présents ou représentés.

ARTICLE 41.

Les délibérations de l'assemblée, prises conformément aux statuts, obligent tous les actionnaires, même les absents ou dissidents.

Elles sont constatées par des procès-verbaux signés par les membres du bureau, ou tout au moins par le président et le secrétaire.

Les extraits de ces procès-verbaux à produire en justice ou partout ailleurs, seront valablement délivrés et signés par le président du conseil d'administration.

ARTICLE 42.

Une feuille de présence, destinée à constater le nombre des membres assistant à l'assemblée et celui des actions représentées par chacun d'eux, demeure annexée à la minute des procès-verbaux ainsi que les pouvoirs.

Cette feuille est signée par chaque actionnaire et contient les noms et domiciles de chacun; elle est certifiée par le bureau de l'assemblée et reste déposée au siége social pour être communiquée à tout requérant.

ARTICLE 43.

Indépendamment des assemblées générales ordinaires dont il vient d'être parlé, des assemblées générales peuvent être convoquées extraordinairement à quelque époque que ce soit:

1° Par le conseil d'administration ;

2° Par les commissaires, conformément à l'article 33 de la loi du 24 juillet 1867.

Les assemblées extraordinaires sont d'ailleurs soumises aux dispositions qui régissent les assemblées annuelles ordinaires.

ARTICLE 44.

L'assemblée générale, soit ordinaire, soit extraordinaire, peut, sur l'initiative du conseil d'administration, apporter aux présents statuts les modifications dont l'utilité sera reconnue.

Elle peut décider notamment :

1° L'augmentation ou la diminution du fonds social ;

2° La prolongation ou la dissolution anticipée de la Société.

Dans ces divers cas, l'assemblée générale est composée comme il a été dit ci-dessus ;

Mais elle n'est régulièrement constituée que lorsque les membres présents représentent la moitié du fonds social.

TITRE SEPTIÈME.

Etat de Situation. — Inventaires.

ARTICLE 45.

L'année sociale commence le 1er janvier et finit le 31 décembre. Par exception, le premier exercice comprendra le temps écoulé entre la constitution de la présente Société et le 31 décembre de l'année suivante.

ARTICLE 46.

Le conseil d'administratiou dresse chaque semestre un état sommaire de la situation active et passive de la Société. Cet état est mis à la disposition des commissaires.

Il est en outre établi, à la fin de chaque année sociale, un inventaire contenant l'indication des valeurs mobilières et immobilières, ainsi que de tout l'actif et le passif de la Société.

L'inventaire, le bilan et le compte de profits et pertes sont mis à la disposition des commissaires le quarantième jour au plus tard avant l'assemblée générale ; ils sont présents à cette assemblée.

TITRE HUITIÈME.

Intérêts. — Dividendes. — Fonds de réserve.

ARTICLE 47.

Les produits de l'exploitation du chemin qui

fait l'objet de la présente Société, serviront d'abord à acquitter les dépenses d'entretien et d'exploitation, les frais d'administration, et généralement tous les frais généraux et charges sociales, comprenant l'intérêt à payer aux actionnaires à raison de 5 0/0 sur les sommes par eux versées;

Si cependant l'intérêt ne pouvait être intégralement payé par suite de l'insuffisance des bénéfices, la différence demeurant acquise aux actionnaires leur serait payée sur les bénéfices des années suivantes.

ARTICLE 48.

Après le paiement des charges mentionnées dans l'article précédent, il est prélevé chaque année sur les bénéfices nets 5 0/0 pour constituer un fonds de réserve destiné à faire face aux dépenses imprévues.

Quand la réserve aura atteint le dixième du capital social, le prélèvement de 5 0/0 pourra être réduit ou suspendu; il reprendra son cours aussitôt que le fonds de réserve sera descendu au-dessous de ce chiffre.

Le surplus des produits annuels sera distribué également entre toutes les actions.

ARTICLE 49.

Le paiement de l'intérêt et celui des dividendes a lieu chaque année, après l'inventaire, aux époques et aux endroits qui seront désignés par le conseil d'administration.

Les intérêts et dividendes sont payables valablement au porteur du titre ou du coupon échu.

Tous les intérêts et dividendes qui n'ont pas été touchés à l'expiration de cinq années après l'époque de leur échéance sont acquis à la Société.

TITRE NEUVIÈME.

Dissolution. — Liquidation.

ARTICLE 50.

En cas de perte des trois-quarts du capital social, le conseil d'administration doit convoquer l'assemblée générale, afin de statuer sur la continuation ou la dissolution de la Société.

ARTICLE 51.

Lors de la dissolution de la Société, soit par l'expiration de sa durée, soit par anticipation, suivant délibération de l'assemblée générale prise en conformité des statuts, l'assemblée fixe le mode de liquidation à suivre, nomme un ou plusieurs liquidateurs et détermine leurs pouvoirs.

TITRE NEUVIÈME.

Contestations.

ARTICLE 52.

Dans le cas de contestations, tout actionnaire doit faire élection de domicile à Rouen, et toutes les notifications et assignations sont valablement faites au domicile par lui élu, sans avoir égard à la distance de la demeure réelle.

A défaut d'élection de domicile, cette élection a lieu de plein droit, pour les notifications judiciaires et extra-judiciaires, au parquet du Procureur de la République près le tribunal de première instance de Rouen.

Le domicile, formellement élu comme il vient d'être dit, entraîne attribution de juridiction au tribunal compétent du siége social.

TITRE DIXIÈME.

Déclaration de Souscription.—Formalités constitutives. — Publication.

ARTICLE 53.

Aussitôt que le fonds social de cent mille francs sera intégralement souscrit, chacun des actionnaires devra, sur la réquisition du fondateur, verser dans la caisse de M. Niel, banquier, rue Herbière, à Rouen, le premier quart sur les actions par lui souscrites.

Ce versement sera constaté par une déclaration que le fondateur fera par acte notarié.

A cette déclaration seront annexés :

1° Un double du présent acte de société ;

2° La liste nominative des souscripteurs, contenant leurs noms, prénoms, qualités, demeures et le nombre d'actions de chacun d'eux ;

3° L'état des versements effectués.

ARTICLE 54.

La déclaration de souscription du capital, avec les pièces à l'appui, sera soumise à la première assemblée générale, qui en vérifiera la sincérité.

Cette première assemblée générale se réunira sur la convocation du fondateur, pour vérifier la sincérité des déclarations dont il vient d'être parlé.

ARTICLE 55.

Une seconde assemblée générale aura lieu, conformément à la loi, pour écouter le rapport qui lui sera fait sur le mérite des apports en nature, s'il y en a ; ce rapport sera tenu à la disposition des actionnaires cinq jours au moins avant la réunion de la deuxième assemblée, qui approuvera ou rejettera et, en cas d'approbation, nommera les premiers administrateurs.

Cette assemblée nommera également, pour la première année, les commissaires.

Le procès-verbal constatera l'acceptation des administrateurs et des commissaires présents à la séance.

ARTICLE 56.

Dans les deux premières assemblées dont il est question au présent titre, tout intéressé, quel que soit le nombre des actions dont il sera porteur, pourra prendre part aux délibérations avec le nombre de voix déterminées par les statuts, sans qu'il puisse être supérieur à dix.

Les associés qui auront fait les apports et qui recevront des avantages particuliers, ne prendront pas part au vote sur l'approbation desdits apports et avantages

ARTICLE 57.

Les deux premières assemblées dont il vient d'être parlé doivent être composées d'un nombre d'intéressés représentant au moins la moitié du capital social.

Si elles ne réunissent pas le nombre d'intéressés sus-indiqué, elles ne pourront prendre que des délibérations provisoires. Dans ce cas, une nouvelle assemblée générale sera convoquée. Deux avis publiés à huit jours d'intervalle, un mois au moins à l'avance, dans l'un des journaux désignés pour recevoir les annonces légales à Rouen, feront connaître aux actionnaires les résolutions provisoires adoptées par la présente assemblée, et ces résolutions deviendront définitives si elles sont approuvées par la nouvelle assemblée, composée d'un nombre d'actionnaires représentant le cinquième au moins du fonds social.

ARTICLE 58.

Les publications prescrites par les articles 55

et suivants de la loi du 24 juillet 1867 seront faites à la diligence des administrateurs, dans le mois de la constitution définitive de la Société.

Fait à Rouen, le 5 octobre 1875.

En deux originaux, dont l'un sera annexé comme il est dit plus haut à la déclaration de souscription du capital, et l'autre restera au siége social.

Léon LE CORDIER.

CHEMIN DE MONTAGNE DE ROUEN

A BONSECOURS

Je, soussigné,

demeurant à

déclare adhérer aux Statuts de la **Compagnie du Chemin de Montagne de Rouen à Bonsecours,** *Et souscrire à* *Actions de ladite Compagnie.*

A , le 187 .

Signature :

www.ingramcontent.com/pod-product-compliance
Ingram Content Group UK Ltd.
Pitfield, Milton Keynes, MK11 3LW, UK
UKHW021708090726
13657UKWH00005B/2123